Vente des 6, 7 et 8 Mai 1867.

OBJETS D'ART

ET

DE CURIOSITÉ

Provenant de chez Mme G.

Exposition publique le Dimanche 5 Mai 1867

Mes **CHARLES PILLET & PAUL NAVOIT**

COMMISSAIRES-PRISEURS

M. **CHARLES MANNHEIM**

EXPERT

CATALOGUE

D'UNE IMPORTANTE RÉUNION

D'OBJETS D'ART

ET DE CURIOSITÉ

BIJOUX ANCIENS ;
TABATIÈRES, BONBONNIÈRES, ÉVENTAILS, ÉMAUX ET MINIATURES
FAIENCES ; PORCELAINES ANCIENNES
DE SÈVRES, DE SAXE, DE LA CHINE ET DU JAPON ;
BRONZES D'AMEUBLEMENT ;
GRANDE PENDULE DU TEMPS DE LOUIS XIV ;
PENDULE EN BRONZE DORÉ DU TEMPS DE LOUIS XVI ;
JOLIE BIBLIOTHÈQUE LOUIS XVI EN BOIS D'ACAJOU ;
MEUBLES LOUIS XV ET LOUIS XVI EN MARQUETERIE DE BOIS
QUELQUES TABLEAUX ANCIENS

Le tout provenant de chez Mme *G****

DONT LA VENTE AURA LIEU

HOTEL DROUOT, SALLE N° 3

Les Lundi 6, Mardi 7 et Mercredi 8 Mai 1867

A DEUX HEURES

Par le Ministère de Me **Charles PILLET**, Commissaire-Priseur,
rue de Choiseul, 11,

Et de Me **Paul NAVOIT**, son Confrère, rue Ventadour, 5,

Assisté de **M. Charles MANNHEIM**, Expert, rue de la Paix, 10.

Chez lesquels se trouve le Catalogue.

EXPOSITION PUBLIQUE

Le Dimanche 5 Mai 1867, de une heure à cinq heures.

CONDITIONS DE LA VENTE

Elle sera faite au comptant.

En sus des enchères, les acquéreurs payeront *cinq pour cent.*

Chaque lot pourra être divisé ou réuni, au gré de l'Expert.

Paris. — Imprimerie de PILLET fils aîné, rue des Grands-Augustins.

DÉSIGNATION DES OBJETS

Bijoux

1 — Petite coupe en cristal de roche enfumé, gravée à double coquille et sur pied à balustre.

2 — Tabatière en prime d'améthyste|montée à gorge à charnière en or. Un chien et un chat sont réservés en haut relief sur le couvercle.

3 — Boîte ovale en prime d'améthyste, incrustée de pierres diverses à fleurs et montée à gorge à charnière en or ciselé.

4 — Flacon en verre taillé, garni d'ornements en or repoussé et à devise réservée sur fond d'émail blanc. Epoque Louis XV.

5 — Boîte ronde en vernis de Martin fond rouge, galonnée,
et à médaillon en or gravé.

6 — Boîte ronde en agate ; le couvercle, gravé en relief, offre
le sujet de la Mort de César.

7 — Deux petits flacons en verre gravé, montés en argent,
gravé et doré.

8 — Parure en argent et rubis composée d'une plaque de
corsage, de deux pendants d'oreilles, d'une plaque de
bracelet et de deux pendentifs.

9 — Petit coffret en écaille, garni en argent et incrusté de
nacre. Epoque Louis XIII.

10-14 — Lot de chapelets en cristal de roche, en ambre, etc.,
qui seront vendus séparément.

15-17 — Douze paires boucles en argent et strass. Ce lot sera
divisé.

18-27 — Vingt tabatières diverses qui seront vendues séparément ou par lots.

28-29 — Cinq étuis et un nécessaire.

30-35 — Vingt bagues anciennes, qui seront vendues par lots.

36-38 — Huit cachets, en or garnis d'intailles.

39 — Quatre cachets, en argent.

40-41 — Quatre colliers ou tour de cou.

42-45 — Quatre couvertures de livres en écaille garnies en
argent. Ce lot sera divisé.

46-48 — Trente pièces diverses pouvant former des boucles
d'oreilles. Ce lot sera divisé.

49-52 — Huit paires boucles d'oreilles qui seront vendues par
paire.

53-54 — Six autres paires boucles d'oreilles.

55-57 — Cinq broches ornées d'émaux.

58-70 — Lot de cent dix-sept pièces garnies de marcassites.
Ce lot sera divisé.

71 — Quarante-six boutons en argent.

72 — Lot de vingt-neuf agates herborisées.

73-75 — Treize pierres gravées dont six montées.

76 — Collier orné de camées.

77 — Boîte en cristal de roche enfumé.

78 — Tabatière en lapis.

79 — Boîte en caillou d'Egypte. Le bec est garni de roses.

80 — Montre Louis XIII en forme de croix, en cristal de roche.

81 — Boucles d'oreilles et pendants de cou, enrichis de rubis et de roses.

82-83 — Deux montres anciennes en or.

84 — Quatre statuettes en argent.

85 — Tour de cou garni de sa croix, deux bracelets et deux boucles d'oreilles de style Louis XIII.

86-88 — Dix flacons. Ce lot sera divisé.

Éventails

89-98 — Vingt éventails à montures en nacre et en ivoire
sculpté, à feuilles peintes, qui seront vendus par lots ou
séparément.

Émaux et Miniatures

99 — Belle plaque ovale en émail, représentant le triomphe
d'Amphitrite.

100-114 — Cinquante-sept émaux et miniatures représentant
des sujets de personnages et des portraits. Ils seront vendus par lots.

115-124 — Autre lot de cinquante-six émaux et miniatures.
Ce lot sera divisé.

Faïences

125 — Coupe à couvercle en faïence italienne décorée de
feuillages et de mascarons.

126 — Deux salières en faïence italienne formées de dragons ailés. Les cavités sont décorées de figures d'amours.

127 — Deux pièces. Boîte en forme de coquille surmontée d'un canard en terre émaillée en partie et poisson en porcelaine formant boîte.

128 — Jardinière forme dite éventail, en faïence blanche décorée de bouquets de fleurs en or et couleurs.

129 — Porte-huilier en faïence de Delft garni de deux flacons en verre.

130 — Trois très-petites assiettes en faïence de Castelli, décorées de paysages.

131 — Petit plat de même faïence; au centre, combat d'animaux; au bord, rinceaux et amours.

132 — Vingt-trois assiettes, quatre compotiers et deux plats en faïence à décor de fleurs en relief.

133 — Corbeille à jour en faïence décorée de filets rouges et verts.

134 — Plateau sur piédouche en faïence d'Urbino, décoré de grotesques sur fond blanc.

135 — Vase de forme ovoïde en faïence blanche à décor en camaïeu bleu, monté sur piedouche et à anses têtes de bélier en bronze doré.

136 — Haut relief en terre cuite, la Vierge, l'enfant Jésus et saint Jean.

137-142 — Quantité de pièces diverses en faïence qui seront vendues par lots.

Porcelaines de Sèvres

143 — Deux beaux vases en ancienne porcelaine de Sèvres, pâte dure, décorés de médaillons d'oiseaux sur fond œil de perdrix rosés, et à branches de lauriers en relief dorées. Monture à anses en bronze doré au mat formées de cariatides d'amours.

144 — Jardinière en ancienne porcelaine de Sèvres, pâte tendre, décorée de bouquet de fleurs. Hachures bleues et filets d'or au bord.

145 — Deux figurines en biscuit de Sèvres, pâte tendre: fermier et fermière.

146 — Soupière en ancienne porcelaine de Sèvres, pâte ten-

*

dre, décor dit feuille de choux à fleurs, filets bleus et
or.

147 — Tasse à deux anses et soucoupe en porcelaine de Sèvres, pâte dure, décorées d'oiseaux, de rinceaux et de
fleurs.

148 — Petite soupière de forme longue à contours, accompa-
gnée d'un plateau en ancienne porcelaine de Sèvres, pâte
tendre, décor dit feuille de choux.

149 — Petite tasse forme droite en ancienne porcelaine de
Sèvres, pâte tendre, décorée de rinceaux et de fleurs sur
fond pointillé d'or.

150 — Tasse à côtes, de même porcelaine, décorée de fleurs
en camaïeu bleu.

151 — Tasse modéle cul de poule, décorée de festons de
fleurs et à bord fond bleu et fleurs en camaïeu.

152-161 — Quantité de tasses et autres pièces en ancienne
porcelaine de Sèvres, pâte tendre, variées de décor. Elles
seront vendues séparément.

Porcelaines de Saxe et autres

162 — Aiguière avec bassin en ancienne porcelaine de Saxe gaufrée à vannerie et décorée de fleurs.

163 — Deux vases forme bouteille, en porcelaine de Vienne, fond jaune et médaillons sujets militaires.

164 — Trois vases de forme ovoïde en porcelaine d'Allemagne dont deux à anses à mascarons et draperies dorées.

165 — Pièce de surtout en ancienne porcelaine de Saxe formée d'une corbeille, à bord découpé à jour et supportée par deux figurines d'enfants.

166 — Deux petites jardinières en porcelaine d'Allemagne, décorées de paysages en camaïeu rose.

167 — Ecureuil en porcelaine de Saxe, sur terrasse, garnie de fleurs en relief.

168 — Deux flambeaux en forme de vase, en porcelaine de Fürstenberg, à décor d'or.

169 — Groupe en ancienne porcelaine de Saxe, composé d'une
figure de femme et d'un amour. Fracturé.

170 — Garniture de trois vases en porcelaine de Berlin, fond
marbré et décor d'or.

171 — Deux jardinières en porcelaine d'Amsterdam, décorées
de sujets dans le style de Téniers,

172 — Deux glacières en ancienne porcelaine de Tournay, à
décor de fleurs et ornements en camaïeu bleu et or.

173 — Groupe de deux figures de femmes en biscuit, sur socle
carré.

174 — Cafetière en ancienne porcelaine de Saxe, décorée
de grouges de figures et d'animaux, sur lambrequins
dorés.

175 — Sucrier avec plateau en porcelaine de Vienne, décoré
de paysages.

176 — Six tasses avec soucoupes et chocolatière en ancienne
porcelaine de Saxe, décorées de médaillons de paysages et
encadrements.

177 — Deux tasses avec soucoupes, à quatre lobes, en porcelaine de Saxe moderne, l'une jaune, l'autre fond bleu et
médaillons de personnages.

178 — Quatre plats longs en ancienne porcelaine de Saxe, décorés de fleurs et de formes variées.

179 — Deux petits plateaux forme feuille, en porcelaine de Saxe, décorés de fleurs.

180 — Onze assiettes en porcelaine de Chantilly, à décor de fleurs en camaïeu bleu.

181-185 — Vingt-deux figurines et statuettes en ancienne porcelaine de Saxe, qui seront vendues par lots.

186-188 — Six petits flacons en porcelaine de Saxe, formés de figurines et de bouteilles.

189-190 — Deux étuis en porcelaine de Saxe, formés de poupons. Ils seront vendus séparément.

191 — Deux béquilles de canne de même porcelaine.

192 — Quatre assiettes festonnées en ancienne porcelaine de Saxe, décorées de fleurs.

193 — Bol, deux plateaux et six tasses avec soucoupes, en porcelaine tendre de Derby, décorés de bandes bleues et or.

194-210 — Quantité de tasses, bols, coupes, assiettes, plateaux, etc., qui seront vendus par lots.

211 — Figurine de Vénus accroupie, en porcelaine blanche.

Porcelaines de la Chine et du Japon

212 — Vase de forme carrée, en ancienne porcelaine craquelée, offrant sur chacune de ses faces des ornements découpés à jour.

213 — Deux plats ronds et creux, en ancienne porcelaine de Chine, décorés d'oiseaux et de fleurs.

214 — Deux petits plats ronds, en ancienne porcelaine de Chine, à décor émaillé, à fleurs et ornements au bord.

215 — Sept compotiers, partie en ancienne porcelaine de Chine et partie en porcelaine du Japon.

216 — Petit plat rond, en ancienne porcelaine de Chine, décoré de fleurs émaillées en couleurs et bord fond bleu lapis.

217 — Douze assiettes, en ancienne porcelaine de Chine, variées de décors.

218 — Quatre assiettes et un petit plat, en ancienne porce‑
laine du Japon, décor à rosaces en bleu, rouge et or.

219 — Deux flacons carrés, en ancienne porcelaine du Japon,
décorés en camaïeu bleu.

220-224 — Onze grands plats, en ancienne porcelaine de
Chine ou du Japon. Ils seront vendus séparément.

225-245 — Quantité de porcelaines de la Chine et du Japon,
telles que : coupes, tasses, bols, théières, sucriers, plats,
assiettes, etc., qui seront vendues par lots.

Bronzes

246 — Cartel Louis XVI en bronze doré à l'or moulu, enrichi
de guirlandes de lauriers et surmonté d'un vase.

247 — Petit cartel en bronze doré au mat, surmonté d'un
vase à anses têtes de bélier et orné de festons de lauriers.

248 — Deux girandoles Louis XVI en cuivre argenté, à quatre
lumières.

249 — Deux bras Louis XVI en bronze, à deux lumières.

250 — Deux autres bras Louis XVI, à deux lumières, en
bronze doré, surmontés de vases.

251 — Deux chenets Louis XVI en bronze ciselé, surmontés
de boules.

252 — Deux chenets du temps de Louis XIII en fer, à cariatides de femmes.

253 — Deux candélabres du temps de Louis XVI, formés de
vases en porcelaine gros bleu, montés en bronze doré et
garnis chacun de trois branches de lis.

254 — Deux flambeaux Louis XVI en bronze argenté.

255 — Petit vase en verre bleu taillé, garni en bronze doré.
Époque Louis XVI.

256 — Pendule Louis XVI en marbre et bronze doré au mat,
à cadran tournant vertical et surmontée d'un vase supporté
par deux sphynx assis.

257 — Deux grands vases en bronze, à fleurs, oiseaux et dragons en relief. Travail japonais.

258 — Grande lanterne en bronze. Même travail.

259 — Petite pendule du temps de Louis XV, supportée par un cheval bronzé et à figure d'Amour. Le socle est orné d'un médaillon présentant le buste de Louis XV.

260 — Deux ménagères et treize salières en étain peint et doré. Époque Louis XVI.

Meubles

261 — Grande et belle pendule et son socle-support, du temps de Louis XIV, très-richement garnie de bronzes. Elle offre sur sa face le char d'Apollon.

263 — Charmante petite bibliothèque en acajou, à trois portes vitrées et à colonnettes cannelées garnies en bronze. Époque Louis XVI.

263 — Petit meuble en marqueterie de bois et à portes vitrées dans le haut.

264 — Grand meuble en bois de rose garni de bronzes et à deux portes vitrées.

265 — Meuble en acajou, cintré dans le haut et à trois tiroirs dans le bas surmontés d'une porte vitrée.

265 — Deux petites commodes en marqueterie de bois. Travail italien du temps de Louis XVI.

267 — Table de milieu à quatre pieds formés de grosses boules et enrichie de filets incrustés. Époque Louis XIII.

268 — Meuble de salon en bois sculpté et doré, garni en damas de soie rouge. Il se compose de trois canapés en deux dimensions, six fauteuils et deux chaises.

269 — Pendule forme dite religieuse, en marqueterie d'écaille et cuivre, garnie de bronzes.

270 — Petite pendule du temps de Louis XIV, en marqueterie d'écaille et cuivre, garnie de bronzes.

271 — Commode en acajou, à trois rangs de tiroirs.

272 — Petite commode à trois rangs de tiroirs, en bois de rose et garnie de bronzes.

273 — Secrétaire à abattant, en bois de rose et bronze.

274 — Cabinet en laque noir et décor d'or.

275 — Bureau de dame forme Louis XV, en bois satiné et bronzes.

276. —Reliquaire de forme monuméntale, en bois noir garni de
bronzes. XVIIe siècle.

Objets variés

277-320 — Sculptures en bois et en ivoire ; Émaux de Limoges ;
Repoussés sur cuivre et sur argent ; Objets variés des XVIe,
XVIIe et XVIIIe siècles ; Tableaux anciens, qui seront vendus
par lots ou séparćment.

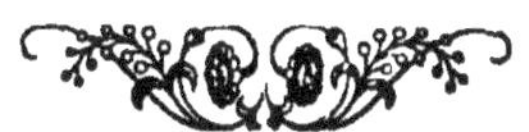